SONNETS

DES

VIEUX MAISTRES FRANÇOIS

1520 — 1670

PARIS

E. PLON et Cie, IMPRIMEURS-ÉDITEURS

RUE GARANCIÈRE, 10

M DCCC LXXXII

Ce volume a été déposé au ministère de l'intérieur (section de la librairie) en mai 1882.

Paris. Typographie E. Plon & Cie, rue Garancière, 8.

SONNETS

DES

VIEUX MAISTRES FRANÇOIS

Cet ouvrage a été tiré à :

550 exemplaires, papier vélin.

80   »   papier de Hollande, numérotés
              de 1 à 80.

20   »   papier de Chine, numérotés
              de 1 à 20.

20   »   · papier du Japon, numérotés
              de 1 à 20.

SONNETS

DES

VIEUX MAISTRES FRANÇOIS

1520 — 1670

PARIS

E. PLON ET Cie, IMPRIMEURS-ÉDITEURS

RUE GARANCIÈRE, 10

—

M DCCC LXXXII

SONNETS

1520 — 1670

MELLIN DE SAINT-GELAIS

Le Sonnet de la montagne

Voyant ces monts de veue aussi lointaine,
Je les compare à mon long déplaisir :
Haut est leur chef, et haut est mon désir;
Leur pied est ferme et ma foy est certaine.

D'eux maint ruisseau coule et mainte fontaine,
De mes deux yeux sortent pleurs à loysir;
De forts souspirs ne me puis dessaisir,
Et de grands vents leur cime est toute pleine.

I

Mille troupeaux s'y promènent et paissent,
Autant d'amours se couvent et renaissent
Dedans mon cœur qui est seul ma pasture.

Ils sont sans fruit, mon bien n'est qu'apparence;
Et d'eux à moy n'a qu'une différence,
Qu'en eux la neige, en moy la flamme dure.

MELLIN DE SAINT-GELAIS

Après le sermon du jour de la Trinité

Je suis jaloux, je le veux confesser,
Non d'autre amour qui mon cœur mette en crainte,
Mais des amis de la parole sainte
Pour qui j'ai vu ma Dame me laisser.

Je commençois à propos luy dresser
Du jeune Archer dont mon âme est atteinte,
Quand s'éloignant de moy et de ma plainte,
A un prescheur elle alla s'adresser.

Qu'eusséje fait, fors souffrir et me taire?
Il devisa du céleste mystère
De trois en un et de la Passion;

Mais je ne croy qu'elle y sçut rien comprendre,
Car l'union de deux ne sçait apprendre,
Ni de ma croix avoir compassion.

DU BELLAY

Les Regrets

Las ! où est maintenant ce mespris de fortune ?
Où est ce cœur vainqueur de toute adversité,
Cet honneste désir de l'immortalité
Et ceste belle flamme au peuple non commune ?

Où sont ces doulx playsirs qu'au soyr sous la nuit brune
Les Muses me donnoient, alors qu'en liberté
Dessus le vert tapis d'un rivage écarté
Je les menois danser aux raïons de la lune ?

Maintenant la Fortune est maistresse de moy,
Et mon cœur, qui vouloit estre maistre de soy,
Est serf de mille maux et regrets qui m'ennuyent.

De la postérité je n'ay plus de soucy ;
Ceste divine ardeur je ne l'ay plus aussy,
Et les Muses de moi comme estrange, s'enfuyent.

RONSARD

Le Bouquet

Je vous envoie un bouquet que ma main
Vient de tirer de ces fleurs épanies.
Qui ne les eust à ce vespres cueillies,
Cheutes à terre elles feussent demain.

Cela vous soit un exemple certain
Que vos beautés, bien qu'elles soient fleuries,
En peu de temps cherront toutes flétries
Et, comme fleurs, périront tout soudain.

Le temps s'en va, le temps s'en va, ma Dame.
Las! le temps, non, mais nous nous en allons,
Et tost serons estendus sous la lame,

Et des amours desquelles nous parlons,
Quand serons morts, n'en sera plus nouvelle.
Pour ce aimez-moy, cependant qu'estes belle.

RONSARD

Les Souhaits

Je voudrais bien, richement jaunissant,
En pluye d'or goutte à goutte descendre
Dans le giron de ma belle Cassandre,
Lorsqu'en ses yeux le somme va glissant.

Puis je voudrois en taureau blanchissant
Me transformer pour sur mon dos la prendre,
Quand elle va sur l'herbe la plus tendre
Seule à l'escart, mille fleurs ravissant.

Je voudrois bien, pour alléger ma peine,
Estre un Narcisse et elle une fontaine,
Pour m'y plonger une nuit à séjour;

Et voudrois bien que cette nuit encore
Fust éternelle, et que jamais l'aurore
Pour m'éveiller ne rallumast le jour!

RONSARD

Les Rayons d'été

Quand le grand œil dans les Jumeaux arrive,
Un jour plus doux sereine l'univers;
D'espis crestés ondoyent les champs verds,
Et de couleurs se peinture la rive.

Mais quand sa fuite obliquement tardive
Par le sentier qui roule de travers,
Atteint l'Archer, un changement divers
De jour, d'espis et de couleurs les prive.

Ainsi quand l'œil de ma déesse luit
Dedans mon cœur, en mon cœur se produit
Maint beau penser qui me donne asseurance.

Mais aussitôt que mon rayon s'enfuit,
De mon printemps il avorte le fruit,
Et sans meurir tranche mon espérance.

RONSARD

A Hélène

Quand vous serez bien vieille, au soir à la chandelle
Assise auprès du feu, dévidant et filant,
Direz, chantant mes vers, en vous esmerveillant :
Ronsard me célébroit du temps que j'estois belle.

Lors vous n'aurez servante oyant telle nouvelle
Déjà sous le labeur à demy sommeillant,
Qui au bruit de mon nom ne s'aille resveillant,
Bénissant vostre nom de louahge immortelle.

Je serai sous la terre et, fantosme sans os,
Par les ombres myrteux je prendrai mon repos.
Vous serez au foyer une vieille accroupie,

Regrettant mon amour et vostre fier desdain.
Vivez, si m'en croyez, n'attendez à demain :
Cueillez dès aujourd'hui les roses de la vie.

RONSARD

Le Lierre

Vous triomphez de moy, et pour ce je vous donne
Ce lierre qui coule et se glisse à l'entour
Des arbres et des murs, lesquels tour dessus tour,
Plis dessus plis il serre, embrasse et environne.

A vous de ce lierre appartient la couronne.
Je voudrois, comme il fait, et de nuit et de jour
Me plier contre vous et, languissant d'amour,
D'un nœud ferme enlacer vostre belle colonne.

Ne viendra point le temps que dessous les rameaux,
Au matin où l'Aurore esveille toutes choses,
En un ciel bien tranquille, au caquet des oiseaux,

Je vous puisse baiser à lèvres demy closes,
Et vous conter mon mal, et de mes bras jumeaux
Embrasser à souhait vostre yvoire et vos roses ?

RONSARD

L'Attente

Le seul penser qui me fait devenir
Brave d'espoir, est si doux que mon âme
Déjà gaignée, impuissante se pasme
Songeant au bien qui me doit advenir.

Donc sans mourir pourray-je soustenir
Le doux combat que me garde ma Dame,
Puisqu'un penser si brusquement l'entame
D'un seul plaisir, d'un si doux souvenir?

2

Hélas! Vénus que l'escume féconde
Non loin de Cypre enfanta dessus l'onde,
Si de fortune en ce combat je meurs,

Reçois ma vie, ô Déesse, et la guide
Par les odeurs de tes plus belles fleurs,
Dans les vergers du paradis de Gnide.

RONSARD

Le Baiser

A mon retour, et je m'en désespère,
Tu m'as receu d'un baiser tout glacé,
Froid, sans saveur, baiser d'un trespassé,
Tel que Diane en donnoit à son frère,

Tel qu'une fille en donne à sa grand'mère,
La fiancée en donne au fiancé :
Ni savoureux, ni moiteux, ni pressé.
Et quoi, ma lèvre est-elle tant amère ?

Ah ! tu devois imiter les pigeons
Qui bec à bec de baisers doux et longs,
Se font l'amour sur le haut d'une souche.

Je te supplie, amante, désormais
Ou baise-moi la saveur en bouche,
Ou bien du tout ne me baise jamais.

OLIVIER DE MAGNY

A Joachim du Bellay

Je ne veux plus, Bellay, travailler mes esprits,
Et veiller nuit et jour pour les lettres apprendre ;
Et ne veux les beaux traits dans les livres comprendre,
Mais plus tost oublier ceux-là que j'ai compris.

Les sçavans aujourd'hui sont tous mis à mespris,
Et les grands au sçavoir ne daignent plus attendre.
Les bouffons seulement ils se plaisent d'entendre
Et ceux qui font service au mestier de Cypris.

J'ai vu ce grand guerrier, qui prestre ores veut vivre,
Chasser un qui venoit lui présenter un livre,
Afin de retenir un bouffon près de lui,

Et se moquant de ceux qui se plaisent à lire,
Dire publiquement qu'un bouffon le fait rire,
Et qu'un homme sçavant ne lui donne qu'ennui.

OLIVIER DE MAGNY

A Henri de Mesme

Ce que j'aime au printemps, je le veux dire, Mesme.
J'aime à fleurer la rose et l'œillet et le thym,
J'aime à faire des vers et me lever matin,
Pour, au chant des oiseaux, chanter celle que j'aime.

En été, dans un val, quand le chaud est extresme,
J'aime à bayser sa bouche et toucher son tétin,
Et sans faire autre effet, faire un petit festin
Non de chair, mais de fruits, de fraises et de cresme.

Quand l'automne s'approche et le froid vient chez nous,
J'aime avec la chastaigne avoir de bon vin doux
Et assis près du feu, faire une chère lye.

En hyver je ne puis sortir de la maison
Si n'est au soir, masqué; mais en cette saison,
J'aime fort à coucher dans les bras de m'amye.

PASSERAT

A Judith de Mesme,
malade au mois de may

Guérissez-vous, mignonne, et reprenez courage :
Le mal que vous avez n'est un mal dangereux
Puisqu'il vous vient en May, et qu'un mois amoureux
Paslit un peu le teint de vostre beau visage.

D'autres en pasliront à la fleur de vostre âge,
Si je suis bon devin, qui forts et vigoureux,
Par un regard sorcier deviendront langoureux,
Mourant pour mieux revivre en un libre servage.

Je pense ouyr desjà quelque loyal amant
Qui vous accuse ainsi du gracieux tourment
Où prend plaisir ce dieu qui les humains enferre :

— Elle desment sa race, on le voit à ses faits :
Par le moyen du père en France on eut la paix,
Par les yeux de la fille amour y fait la guerre.

BAÏF

Le Sonnet de la blessure

Comme quand le printemps de sa robe plus belle
La terre parera lorsque l'hyver départ,
La biche toute gaye à la Lune se part
Hors de son bois aymé qui son repos recelle :

De là va viander la verdure nouvelle
Seure, loin des bergers, dans les champs, à l'écart,
Ou dessus la montaigne, ou dans le val, la part
Où son libre désir la condüit et l'appelle,

Ni n'a crainte du trait, ni d'autre tromperie,
Quand à coup elle sent dans le flanc le boulet
Qu'un bon harquebusier caché d'aguet lui tire;

Tel comme un qui sans peur de rien ne se défie,
Dame, j'alloy le soir que vos yeux d'un beau trait
Firent en tout mon cœur une playe bien pire.

ÉTIENNE PASQUIER

Le Sonnet de la blessure

Comme le cerf, lorsque l'hyver nous laisse
Pour faire place à la verde saison,
Avec le jour sort gay de son buisson
Afin que d'herbe et de fleurs il repaisse :

Et or les monts, or les eaux il caresse,
Loin des bergers, loin de toute maison,
N'ayant pauvret que les champs pour prison,
Et çà et là où son franc pied l'adresse;

De l'arc il n'a, ni de surprise peur,
Quand à couvert l'albaltrier trompeur
Le vient servir d'une mortelle flesche.

Ainsi allois-je, hélas! quand je te vis
Et qu'en mon cœur, impiteuse, tu fis
De tes beaux yeux une sanglante bresche.

RONSARD

Le Sonnet de la blessure

Comme un chevreuil quand le Printemps destruit
Du froid Hyver la poignante gelée,
Pour mieux brouter la feuille emmiellée
Hors de son bois avec l'aube s'enfuit;

Et seul, et seur, loin des chiens, loin du bruit,
Or sur un mont, or dans une vallée,
Or près d'une onde à l'écart recélée,
Libre, folastre où son pied le conduit.

De rets ne d'arc sa liberté n'a crainte...
Sinon alors que sa vie est atteinte
D'un trait mortel empourpré de son sang.

Ainsi j'allois, sans soupçon de dommage,
Le jour qu'un œil, sur l'avril de mon âge,
Tira d'un coup mille traits dans mon flanc.

JOACHIM DU BELLAY

Sonnet symétrique

Fasse le ciel, quand il voudra, revivre
Lysippe, Apelle, Homère qui le prix
Ont emporté sur tous humains esprits
En la statue, au tableau et au livre,

Pour engraver, tirer, escrire en cuivre,
Peinture et vers, ce qu'en vous est compris :
Si ne sçauroit leur ouvrage entrepris
Cizeau, pinceau ou la plume bien suivre.

3

Voilà pourquoi ne faut que je souhaite
De l'engraveur, du peintre, du poëte
Marteau, couleur ou encre, ma maistresse;

L'art peut errer, la main fault, l'œil s'écarte.
De vos beautés mon cœur soit donc sans cesse
Le marbre seul, et la table, et la charte.

ÉTIENNE PASQUIER

Sonnet quadruple

O amour — O penser — O désir plein de flamme !
Ton trait — ton fol appas — la rigueur que je sens,
Me blesse — me nourrit — conduit mes jeunes ans,
A la mort — aux douleurs — au profond d'une lame.

Injuste amour — penser — désir, cours à ma Dame,
Porte-luy — loge-luy — fais-luy voir tout présens
En son cœur — en l'esprit — à ses yeux meurtrissans,
Le même trait — mes pleurs — les feux que j'ay dans l'ame.

Force — fais consentir — contrains sa résistance,
Sa beauté — son desdain — et sa fière constance
A plaindre, à souspirer — à soulager mes vœux,

Les tourments — les sanglots — et les cruels supplices
Que j'ay — que je chéris — que je tiens pour délices,
En aymant — en pensant — en désirant son mieux.

ÉTIENNE DE LA BOËTIE

Un des quatorze Sonnets

Jà reluisoit la benoiste journée
Que la Nature au monde te devoit
Quand des thrésors qu'elle te réservoit
Sa grande clef te feut abandonnée.

Tu prins la grace à toy seule ordonnée,
Tu pillas tant de beautés qu'elle avoit ;
Tant qu'elle fière, alors qu'elle te voit
En est parfois elle-mesme estonnée.

Ta main de prendre enfin se contenta.
Mais la Nature encor te présenta
Pour t'enrichir ceste terre où nous sommes :

Tu n'en pris rien ; mais en toy tu t'en ris,
Te sentant bien en avoir assez pris
Pour estre icy royne du cœur des hommes.

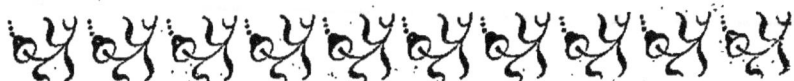

ÉTIENNE DE LA BOËTIE

Un des quatorze Sonnets

Quand tes yeux conquérants estonné je regarde,
J'y vois dedans à clair tout mon espoir escrit,
J'y vois dedans amour luy mesme qui me rit
Et m'y monstre mignard le bonheur qu'il me garde.

Mais quand de te parler parfois je me hasarde,
C'est lors que mon espoir desséché se tarit.
Et d'advouer jamais ton œil qui me nourrit,
D'un seul mot de faveur, cruelle, tu n'as garde.

Si tes yeux sont pour moy, vois donc ce que je dis :
Ce sont ceux là sans plus à qui je me rendis.
Mon Dieu, quelle querelle en toy-mesme se dresse!

Si ta bousche et tes yeux se veulent desmentir,
Mieux vaut, mon doux tourment, mieux vaut les despartir,
Et que je prenne au mot de tes yeux la promesse.

VAUQUELIN

Les Souvenirs

O vent plaisant qui d'haleine odorante
Embasme l'air du basme de ces fleurs,
O pré joyeux où versèrent leurs pleurs
Le bon Damète et la belle Amarante,

O bois ombreux, o rivière courante
Qui vis en bien eschanger leurs malheurs,
Qui vis en joye eschanger leurs douleurs
Et l'une en l'autre une âme respirante!

L'âge or leur fait quitter l'humain plaisir.
Mais bien qu'ils soyent touchés d'un saint désir
De rejeter toute amour en arrière,

Toujours pourtant un remords gracieux
Leur fait aimer en voyant ces beaux lieux,
Ce vent, ce pré, ce bois, cette rivière.

JACQUES GREVIN

Les Bénéfices

C'est un pesant fardeau que le Siége Saint-Pierre,
Et si nous y voyons un chacun aspirer.
Un vicaire voudroit une cure attirer,
Et puis un evesché, puis un chapeau conquerre,

Et puis la papauté, pour des amis acquerre.
Et le Pape ne fait encore que désirer
Bonne vie et santé afin de n'expirer
A l'heure qu'il se voit le plus grand de la terre.

La plus grand part, hélas ! le fait pour vivre heureux,
Sans soin et sans tourment, en loisir paresseux ;
Faire toujours grand chère et s'adonner aux vices.

Mais lorsque cet état ne valoit que des coups,
Des persécutions, des chaisnes et des clous,
Les hommes lors n'estoient friands de bénéfices.

GUY DE TOURS

A sa Dame

Je n'ai point d'yeux que pour voir ma rebelle,
Ni de désirs que pour la désirer,
Ni de soupirs que pour la soupirer,
Ni de pensers que pour penser en elle.

Je l'ai si bien empreinte en ma cervelle
Que je ne puis autre chose priser,
Ni d'autre Dame en tous lieux deviser,
Ni recevoir affection que d'elle.

Je n'ai des pieds que pour l'aller chercher,
Je n'ai des mains qu'afin de la toucher,
Ni point de cœur que pour concevoir d'elle.

Bref, je n'ai rien qu'elle n'ait, et ne puis
Me dire à moi, tant à elle je suis.
Et toutefois elle m'est si cruelle !

GUY DE TOURS

A sa Dame

Amour n'est immortel que pour rendre immortelle
La belle affection que je porte aux beautés
Qu'on voit en vostre corps briller de tous costés
Et qui vous font çà bas sur toutes la plus belle.

Amour n'a point le dos garni d'une double aile,
Que pour guinder au ciel de vos divinités
Les vœux que je vous fais, lorsque vos cruautés
Redoublent contre moi leur puissance cruelle

Amour n'a point de traits, sinon pour me blesser;
Amour n'a d'arc aux mains, sinon pour me tirer;
Amour n'est point armé, sinon contre moi-mesme.

Amour n'a point de feux que pour me martyrer;
Amour n'a point de nœuds, sinon pour m'enlacer;
Bref, Amour n'est Amour qu'afin que je vous aime.

GUY DE TOURS

La Vénus

Seule beauté de mes yeux adorée,
Tu as le ris et le regard si beau
Que si aux mains tu portois un flambeau,
On te prendroit pour l'alme Cythérée.

Tu as comme elle une grâce assurée,
Et dans les raiz de ton soleil jumeau
Comme en ses yeux, maint folastre amoureau
Tient, pour blesser, sa flesche préparée.

Tu as la voix et le parler comme elle;
Comme son sein ton beau sein se pommelle,
Et toutes deux avez mesme embonpoint;

Vos lèvres sont vermeilles comme rose.
Vous différez toutefois d'une chose,
Car Vénus aime, et toi, tu n'aimes point.

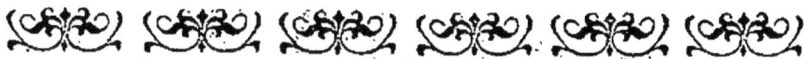

AMADIS JAMYN

Le Songe

Sommeil léger, image déceptive
Qui m'est un gain et perte en un moment,
Comme tu fais écouler promptement
En t'écoulant, ma joye fugitive !

De tous amants nul qui au monde vive
Ne recevroit plus de contentement
Que j'en reçois, si mon bien seulement
Ne s'envoloit d'une aile trop hastive.

Endymion fut heureux un long temps
De prendre en songe infini passe-temps,
Pensant tenir sa luisante déesse.

Je te demande en pareille langueur
Un pareil songe et pareille douceur :
L'ombre du bien n'est pas grande largesse.

AMADIS JAMYN

Si c'est aimer

Si c'est aimer, avoir toujours en l'âme
Le souvenir d'une seule déesse ;
Si c'est aimer, se paslir de tristesse,
Mourir, absent, des beautés de sa dame ;

Si c'est aimer, ne vivre qu'en la flamme ;
Si c'est aimer, adorer ce qui blesse ;
Si c'est aimer, ne repenser sans cesse
Qu'à revoir l'œil qui ma poitrine entame ;

Si c'est aimer, pour aimer se haïr,
Et tout plaisir, se déplaisant, fuir;
Chagrin, farouche, ennemi de sa vie,

Loin d'un seul bien s'estimer malheureux,
Ayant sans plus l'âme en ce bien ravie,
Si c'est aimer, que je suis amoureux!

SCÉVOLE DE SAINTE-MARTHE

La Promesse

Quand je vous ai ma promesse jurée
Qu'autre que vous ne brusloit mes esprits,
Et que le feu dont vos yeux m'ont épris
Seroit en moi d'éternelle durée,

Vous n'avez cru ma parole assurée ;
Et poursuivant votre indigne mépris,
Dites avoir autre amour entrepris
Pour vous venger de ma foi parjurée.

Si vous logez en vous quelque pitié,
Ne payez plus ma fidèle amitié
D'un tel propos qui me rend misérable.

Car quand ainsi parlez de me changer,
Je crains autant que soyez véritable
Comme craignez que je sois mensonger.

MARGUERITE DE FRANCE

A Brantosme

L'amour ressemble un champs, le laboureur l'amant;
L'un et l'autre présume, à la fin de l'année,
Selon qu'elle sera mauvaise ou fortunée,
Moissonner le chardon, la paille ou le fourment.

La paille est la douceur d'un vain contentement,
Mais le vent la desrobe aussitôt qu'elle est née;
Le chardon, la rigueur d'une Dame obstinée;
Et la grace est le grain qu'on recueille en l'aimant.

L'amant ne peut gaigner, pour service qu'il face,
Un point d'honneur plus haut qu'estre en la bonne grace
D'une Dame accomplie, objet de sa langueur.

La grace vient du cœur, et toute autre espérance
S'esloigne du devoir d'honneste récompense.
Que désire l'on plus en amour que le cœur?

BERTAUT

La Fidélité

Il est temps, ma belle âme, il est temps qu'on finisse
Le mal dont vos beaux yeux m'ont quatre ans tourmenté;
Soit rendant mon désir doucement contenté,
Soit faisant de ma vie un cruel sacrifice.

Vous tenez en vos mains ma grâce et mon supplice,
Jugez lequel des deux mon cœur a mérité,
Car ma fidèle amour ou ma témérité
Veut qu'on me récompense ou bien qu'on me punisse.

Mais si vous ne portez un cœur de diamant,
Vous ne punirez point un misérable amant
De vous avoir esté si longuement fidèle :

Vu mesme que son mal vous doit estre imputé,
Car enfin puisqu'Amour est fils de la Beauté,
Si c'est péché qu'aimer, c'est malheur qu'estre belle.

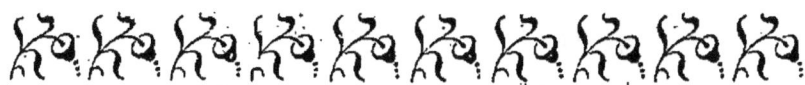

BERTAUT

Sur les gants tirés des mains d'une dame

Gants qui souliez couvrir cette sensible yvoire
Et ce marbre vivant dont la douce rigueur
M'a tiré sans pitié tant de traits dans le cœur
Qu'encor la plaie en saigne au fond de ma mémoire,

Faveurs qui m'enyvrez de la secrète gloire
D'un présage aussy doulx qu'il semble estre moqueur,
Puisqu'on voit le vaincu désarmer son vainqueur
Et porter sa dépouille en signe de victoire :

O beaux gants, je vous baise au nom de la beauté
Qui dans la mesme chaisne où je suis arresté
Pourroit emprisonner l'âme la plus farouche,

Je vous baise au lieu d'elle et ne m'en puis lasser,
Pour ce que quand mon corps vous baise de la bouche,
Mon esprit amoureux la baise du penser.

DESPORTES

Le Bracelet de cheveux

Cheveux, présent fatal de ma douce contraire,
Mon cœur plus que mon bras est par vous enchaisné ;
Par vous je suis captif en triomphe mené
Sans que d'un si beau ret je cherche à me défaire.

Je sais qu'on doit fuïr les dons d'un adversaire,
Toutefois je vous aime et me tiens fortuné
Qu'avec tant de cordons je sois emprisonné :
Car toute liberté commence à me déplaire.

O cheveux, mes vainqueurs, vantez-vous hardiment
D'enlacer en vos nœuds le plus fidèle amant
Et le cœur plus dévost qui feut oncque en servage.

Mais voyez si d'amour je suis bien transporté,
Qu'au lieu de m'essayer de vivre en liberté,
Je porte en tous endroits mes ceps et mon cordage.

DESPORTES

Supplication

Si la pitié trouve en vous quelque place,
Si vostre cœur n'est en roche endurci,
D'un doux regard qui respire merci
De vos courroux tempérez la menace.

Depuis le temps que leur rigueur me chasse,
J'eusse l'Enfer de ma plainte adouci ;
Des suppliants Némésis a souci,
Et tost ou tard leur défense elle embrasse.

5

L'ardent amour qu'en mon cœur j'ay receu
Naist de vos yeux, leurs rayons l'ont conceu,
Enflant d'espoir mon âme oultrecuidée :

C'est vostre enfant, vous le devez chérir,
Au lieu qu'hélas! vous le faites mourir,
Vérifiant la fable de Médée.

DESPORTES

A Dorat

Quel destin favorable ennuyé de mes peines
Rompra les forts liens dont mon col est pressé?
Par quel vent reviendrai-je au port que j'ai laissé,
Suivant trop follement des espérances vaines?

Verray-je plus le temps qu'au doux bruit des fontaines,
Dans un bocage épais mollement tapissé,
Nous récitions nos vers, moi d'amour offensé,
Toi bruyant de nos rois les victoires hautaines!

Si j'échappe d'icy, Dorat, je te promets
Qu'Apollon et Cypris je suivray désormais
Sans que l'ambition mon repos importune.

Les venteuses faveurs ne me pourront tenter,
Et de peu je sçauray mes désirs contenter,
Prenant congé de vous, Espérance et Fortune.

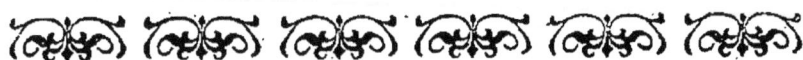

DESPORTES

L'Amour fugitif

Vénus cherche son fils, Vénus tout en colère
Cherche l'aveugle Amour par le monde égaré.
Maïs ta recherche est vaine, ô dolente Cythère!
Il s'est couvertement dans mon cœur retiré.

Que sera-ce de moy? Que me faudra-t-il faire?
Je me vois d'un des deux le courroux préparé.
Égale obéissance à tous deux j'ai juré.
Le fils est dangereux, dangereuse est la mère.

Si je recèle Amour, son feu brusle mon cœur;
Si je décèle Amour, il est plein de rigueur
Et trouvera pour moy quelque peine nouvelle.

Amour, demeure donc en mon cœur seurement;
Mais fais que ton ardeur ne soit pas si cruelle,
Et je te cacheray beaucoup plus aisément.

DESPORTES

Le Baiser

Ah! mon Dieu, je me meurs! Il ne faut plus attendre
De remède à ma mort si tout soudainement,
Phyllis, je ne te vole un baiser seulement,
Un baiser qui pourra de la mort me défendre.

Certes je n'en puis plus, mon cœur; je le vais prendre.
Non ferai. Car je crains ton courroux véhément.
Quoi! me faudra-t-il donc mourir cruellement
Près de ma guérison qu'un baiser me peut rendre

Mais las! Je crains mon mal en pourchassant mon bien.
Le dois-je prendre ou non ? Pour vray je n'en sçais rien.
Mille débats confus animent ma pensée.

Si je retarde plus, j'avance mon trespas.
Je le prendray. Mais non. Je ne le prendray pas.
Car j'aime mieux mourir que vous voir courroucée.

DESPORTES

Le Piége

Les premiers jours qu'Amour range sous sa puissance
Un cœur qui chèrement garde sa liberté,
Dans des filets de soye il le tient arresté
Et l'émeut doucement d'un feu sans violence.

Mille petits Amours luy font la révérence;
Il se baigne en lyesse et en félicité.
Les jeux, la mignardise et la doulce beauté
Volent tousjours devant quelque part qu'il avance.

Mais las! presqu'aussitost cest heur va se perdant,
La prison s'étrécit, le feu devient ardent.
Les filets sont changés en rigoureux cordage.

Vénus est une rose espanie au soleil
Qui contente les yeux de son beau teint vermeil,
Mais qui cache un aspic sous un plaisant feuillage.

DU BARTAS

Les Pyrénées

Ce roc vousté par art, par nature ou par âge,
Ce roc de Tarascon hébergea quelquefois
Les géants qui rouloient les montagnes de Foix,
Dont tant d'os excessifs rendent le témoignage.

Saturne, grand faucheur, Temps constamment volage,
Qui changes à ton gré les mœurs avec les lois,
Non sans cause à deux fronts on t'a peint autrefois,
Car tout change, sous toi, chaque heure, de visage.

Jadis les fiers brigands du pays plat bannis,
Des bourgades chassés, dans les villes punis,
Avoient tant seulement les grottes pour asiles.

Ores les innocents, peureux, se vont cacher
Ou dans un bois épais, ou sous un creux rocher,
Et les plus grands voleurs commandent dans les villes.

LAUGIER DE PORCHÈRES

Sur les yeux de Gabrielle d'Estrées

Ce ne sont pas des yeux, ce sont plus tost des dieux,
Ils ont dessus les rois la puissance absolüe.
Dieux ? Non, ce sont des cieux, ils ont la couleur blüe,
Et le mouvement prompt comme celui des cieux.

Cieux ? Non, mais deux soleils clairement radieux
Dont les rayons brillans nous offusquent la vüe.
Soleils ? Non, mais esclairs de puissance inconnüe,
Des foudres de l'Amour signes présagieux.

Car s'ils estoient des dieux, feroient-ils tant de mal?
Si des cieux, ils auroient leur mouvement égal,
Des soleils, ne se peut : le soleil est unique.

Esclairs, non, car ceux-ci durent trop et trop clairs.
Toutefois je les nomme, afin que je m'explique,
Des yeux, des dieux, des cieux, des soleils, des esclairs.

DURAND DE LA BERGERIE

La Dette

Le temps passé qui d'une aile courrière
Vole devant et ne peut revenir,
N'est point à nous. Ni le temps à venir
Qui pas à pas s'approche par derrière.

C'est le présent, ma gentille guerrière,
Qui seul, sans plus, nous peut appartenir.
Doncques pendant qu'il se laisse tenir,
Si tu me crois, donnons-nous en carrière.

Pour ma foi ferme et pour mon grand amour
Tu dois m'aimer et me faire un bon tour :
Pense à ta dette; ains que le temps nous porte

A nostre fin, paie avant le trépas
Ce qui m'est deu, car quand tu seras morte
Tes héritiers ne le payeront pas.

FRANÇOIS LE POULCHRE

A une Dame

Ne se passer un jour sans aller à l'égilse
Faire dire la messe et bien dévotement
L'ouïr à deux genoux très-attentivement,
C'est une œuvre bien bonne et laquelle je prise.

Ses péchés confesser de cœur et sans feintise,
Jeuner chaque Vigile, et donner largement
Aux pauvres de vos biens pour leur nourrissement,
Sans blasphémer aussi c'est estre bien apprise.

6

Vous faites tout cela. Mais ce seroit resver
De croire que cela tout seul vous peut sauver.
Ne vous y arrestez, je vous prye, Madame.

D'aller en paradis le plus certain moïen,
C'est de rendre à chascun ce que l'on a du sien.
Rendez-moi donc mon cœur, vous sauverez votre âme.

JEAN DE LA JESSÉE

La Parure

Lise se pare ainsi qu'une déesse,
Riche, pompeuse, et mesme les vendeurs,
Passementiers, orfévres et brodeurs
Sont empeschés pour l'orner de richesse.

Rien ne s'épargne afin que sa vieillesse
Soit moins notoire aux jeunes demandeurs;
Tous les parfums, les drogues, les odeurs
Flattent ses ans et montrent sa mollesse.

Elle a beau s'oindre, elle a beau se farder,
Friser ses poils, ses gestes mignarder,
Encor voit-on sa laideur et son âge.

Elle esprendra quelque sot damoiseau;
Quant est de moi, vu son brave pennage,
J'aimerois mieux la plume que l'oiseau.

MALLEVILLE

La Mort de Gustave-Adolphe

Lorsque par des exploits que la foy ne peut croire
Je terrasse l'orgueil des plus ambitieux,
La sacrilége main du sort audacieux
Vient borner de ma vie et le cours et l'histoire.

Une si belle fin éternise ma gloire.
En tombant je m'élève aussi haut que les cieux,
Je trouve en mes cyprès des lauriers précieux
Et de mon propre sang j'achète ma victoire.

Depuis le coup fatal dont je fus mis à bas,
Mon nom faisoit encor l'office de mon bras
Et combattoit pour moy qui n'estois plus que terre.

Alexandre en vivant soumit tout à sa loy,
César fit en ses jours des miracles de guerre,
Mais nul, après sa mort, n'a sçu vaincre, que moy.

MALLEVILLE

La Mort du cardinal de Richelieu

Impuissantes grandeurs, foibles dieux de la terre,
N'élevez plus au ciel vos triomphes divers.
La vertu des lauriers dont vous estes couverts
Ne vous peut garantir des coups de son tonnerre.

Le ministre fameux que cette tombe enserre,
Ne témoigne que trop aux yeux de l'univers
Que la pourpre est sujette à l'injure des vers
Et que l'éclat du monde est un éclat de verre.

Tous les astres veilloient au soin de sa grandeur,
Augmentoient tous les jours sa pompe et sa splendeur,
Et rendoient en tous lieux sa puissance célèbre :

Cependant sa puissance a trouvé son écueil ;
Sa pompe n'est plus rien qu'une pompe funèbre,
Et sa grandeur se borne à celle d'un cercueil.

MALLEVILLE

Sur la mort de sa sœur qui estoit religieuse

Celle qui voyoit comme fange
Ce qui plaist le plus à nos yeux,
Vient de sortir de ces bas lieux
Ainsi que d'une terre estrange.

C'est véritablement un ange
Qui s'en retourne dans les cieux
Et du grand monarque des Dieux
Célèbre la juste louange.

Puissé-je le voir à mon tour !
Puissé-je gouster quelque jour
Ce bien qui tout autre surpasse !

Certes, j'en seray possesseur
Si le frère peut trouver grâce
Par le mérite de la sœur.

MALLEVILLE

Le Baiser

Quel crime ai-je commis quand je vous ai baysée
Qui vous doive obliger à désirer ma mort?
Jugez plus doucement d'un amoureux effort,
Ou de trop de rigueur vous serez accusée.

Mais quoi! vous revenez d'amour toute embrasée,
Et, me tendant les mains avec un doux transport :
— Mon cœur, me dites-vous, je vous aime si fort
Que d'un autre baiser je veux être apaisée.

— Oh ! qu'Amour est un Dieu digne d'être suivi !
Depuis qu'à son pouvoir je me suis asservi,
Par combien de faveurs ai-je vu sa clémence !

Son cœur à nos plaisirs est si fort attaché
Qu'il excuse le mal lorsque l'on recommence,
Et pour la pénitence ordonne le péché.

MALLEVILLE

Sonnet de la belle Gueuse

Philis les yeux en pleurs et le cœur en tristesse
Implore le secours de notre charité,
Et ne brille pas moins au fort de sa détresse,
Qu'un astre qui reluit parmy l'obscurité.

Sa seule nudité descouvre sa richesse;
Plus on voit de son corps, plus on voit de beauté;
Sa pompe est toute en elle, et comme une déesse
Elle doit son éclat à sa propre clarté.

Philis, belle Philis, ornement de notre âge,
Où change de fortune, ou change de visage;
Ta disgrâce s'oppose à tes charmes vainqueurs

On ne peut accorder tes faits et tes paroles,
Tu demandes sans cesse, et sans cesse tu voles,
Et tes moindres larcins s'estendent sur les cœurs.

THÉOPHILE

Le Sac de Clairac

Sacrés murs du soleil où j'adorai Philis,
Doux séjour où mon âme estoit jadis charmée,
Qui n'est plus aujourd'hui sous nos toits démolis
Que le sanglant butin d'une orgueilleuse armée;

Ornements de l'autel qui n'estes que fumée,
Grand temple ruiné, mystères abolis,
Effroyables objets d'une ville allumée,
Palais, hommes, chevaux, ensemble ensevelis;

Fossés larges et creux tout comblés de murailles,
Spectacle de frayeur, de cris, de funérailles,
Fleuve par où le sang ne cesse de courir;

Charniers où les corbeaux et les loups vont repaistre;
Clairac, pour une fois que vous m'avez fait naistre,
Hélas! combien de fois me faites-vous mourir!

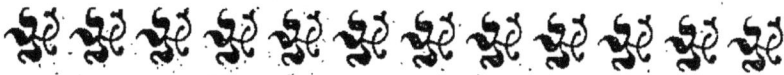

THÉOPHILE

Le Rêve

Ministre du repos, Sommeil, père des songes,
Pourquoi t'a-t-on nommé l'image de la mort ?
Que ces faiseurs de vers t'ont jadis fait de tort
De t'ainsi travestir avecques leurs mensonges !

Faut-il pas confesser qu'en l'aise où tu nous plonges
Nos esprits sont ravis par un si doux transport
Qu'au lieu de raccourcir à la fureur du sort
Les plaisirs de nos jours, Sommeil, tu les allonges ?

7

Dans ce petit moment, ô songes ravissans,
Qu'Amour vous a permis d'entretenir mes sens,
J'ay tenu dans mon lict Élise toute nue.

Sommeil, ceux qui t'ont fait l'image du trespas,
Quand ils ont peint la mort, ils ne l'ont pas congnue,
Car vraiment son portrait ne lui ressemble pas.

THÉOPHILE

Le Présent

Vos rigueurs me pressoient d'une douleur si forte.
Que si vostre présent receu si chèrement
Encore un jour ou deux eust tardé seulement,
Vous n'eussiez obligé qu'une personne morte.

Jamais esprit ne fut travaillé de la sorte ;
Tout ce que je faisois aigrissoit mon tourment,
Et pour me secourir j'essayois vainement
Tout ce que la raison aux plus sages apporte.

Enfin ayant baisé dans ce don précieux
La trace de vos mains et celle de vos yeux,
J'ay repris ma santé plus qu'à demy ravie.

Chloris, vous êtes bien maistresse de mon sort,
Car ayant eu pouvoir de me donner la vie,
Vous avez bien pouvoir de me donner la mort.

BARDOU

*A une Dame le jour de Sainte Magdeleine
dont elle portoit le nom*

La Sainte à qui l'Église aujourd'huy rend hommage
Et dont l'Esprit au ciel veille pour vostre bien,
Sur vous, o belle Iris, n'avoit point d'avantage,
Quoy qu'à vaincre les cœurs il ne lui manquast rien.

Comme elle vous avez un aimable visage,
Elle avoit comme vous un charmant entretien;
Vous estes aujourd'huy l'ornement de nostre âge
Comme elle fut jadis la merveille du sien.

Comme elle prit un Dieu pour objet de sa flamme
Ainsi d'un feu divin vous embrasez vostre âme
Et poussez vers le ciel mille amoureux souspirs.

Un seul point entre vous met de la différence ;
C'est qu'on vous voit, Iris, suivre sa pénitence
Sans que jamais vostre âme ait suivy ses plaisirs.

L'ABBÉ DE LAFFEMAS

La Belle Impie

Dans ce temple dévot où se pressent si fort
Ceux qui font sacrifice à la Bonté supresme,
Cherchant en vain des yeux cette beauté que j'aime,
Je ne vois point paroistre et sa taille et son port.

Elle est peut-estre au lit, ou peut-estre elle en sort
Avec ce noble orgueil qui rend sa grace extresme;
Ou devant son miroir peut-estre à l'heure mesme
Cette belle travaille au dessein de ma mort.

Ainsi ce noble objet si charmant et si rare,
Au lieu d'estre en prière, et s'ajuste et se pare,
Aiguisant tous les traits que l'Amour luy fournit.

Et lorsque sur l'Autel la victime est offerte,
Négligeant son salut pour penser à ma perte,
Il commet un péché dont le ciel me punit.

L'ABBÉ DE LAFFEMAS

A Mademoiselle ***, qui se vouloit rendre
religieuse

Philis, vostre humeur est chagrine,
Vous n'estes plus comme autrefois,
Et l'on dit depuis quelques mois
Que vous vous rendez Feuillantine.

Pourrez-vous porter l'étamine,
Dormir dessus un lit de bois
Et tourner vostre belle voix
Sur le triste chant de Matine?

Ha, je vois bien que vos appas
Coupables de mille trespas
Approuvent vostre repentance :

Et vostre cœur religieux
Veut enfin faire pénitence
Du mal que nous ont fait vos yeux.

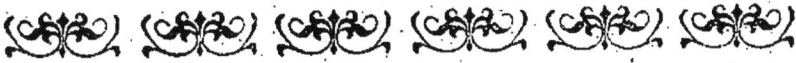

DES YVETEAUX

L'Épicurien

Avoir peu de parens, moins de train que de rente,
Rechercher en tout temps l'honneste volupté;
Contenter ses désirs, maintenir sa santé
Et l'ame de procez et de vices exempte.

A rien d'ambitieux ne mettre son attente;
Voir ceux de sa maison en quelque autorité,
Mais sans besoin d'appuy garder sa liberté
De peur de s'engager à rien qui mécontente.

Les Jardins, les tableaux, la Musique, les Vers,
Une table fort libre et de peu de couverts;
Avoir bien plus d'amour pour soy que pour sa Dame.

Estre estimé du Prince et le voir rarement;
Beaucoup d'honneur sans peine et peu d'enfans sans femme,
Font attendre à Paris la mort fort doucement.

SAINT-AMANT

La Tabagie

Voicy le rendez-vous des Enfants sans soucy,
Que pour me divertir quelquefois je fréquente.
Le Maistre a bien raison de se nommer Laplante,
Car il gaingne son bien par une plante aussi.

Vous y voyez Bilot, pasle, morne et transy,
Vomir par les naseaux une vapeur errante;
Vous y voyez Sallard chatoüiller la servante
Qui rit du bout du nez en pourtraict raccourcy.

Que ce borgne a bien plus Fortune pour amie
Que l'un de ces curieux qui soufflant l'alchimie
De sage devient fol, et de riche indigent :

Cestuy-là sent enfin sa vigueur consumée
Et voit tout son argent se résoudre en fumée ;
Mais lui, de la fumée il tire de l'argent.

SAINT-AMANT

L'Incogneue

Doux tourment des esprits, amoureuse manie,
Qui troubles mon repos avec tant de plaisir,
Ne me donnes jamais un moment de loisir,
J'ayme bien à souffrir dessous ta tyrannie.

Rends en moy de ton feu la grandeur infinie,
Et gouvernant mes sens dont tu te viens saisir,
Fais que rien désormais ne vive en mon désir
Que l'adorable objet de la chaste Uranie.

Au seul bruict de son nom parvenu jusqu'à moy
Mon asme luy consacre une éternelle foy
Sur qui l'honneur s'eslève et mon espoir se fonde.

Je l'ayme sans la voir, comme on ayme les Dieux,
Et tiens plus de l'Amour qu'homme qui soit au monde,
Puisque non plús que luy, je ne me sers point d'yeux.

MAYNARD

A Monseigneur le duc d'Enghien

Ce que ton bras a fait aux plaines de Rocroy,
Prince victorieux, nous remplit d'espérance.
O que tu vas donner de palmes à ton Roy,
De chaînes aux tyrans et de biens à la France!

Cependant qu'il croistra sous le sage conseil
D'une Reyne adorable en ses moindres mérites,
C'est par tes hauts exploits que ce nouveau Soleil
Effacera l'esclat de la Lune des Scythes.

8

Il sera formidable au delà de ces lieux
Où l'effort des hyvers et la rigueur des cieux
Font des palais de glace aux nymphes de Neptune.

Jamais prince des lys ne fut si triomphant.
Tu porteras partout son nom et sa fortune,
Et mettras mille Roys sous les pieds d'un enfant.

PIERRE CORNEILLE

La Bataille de Rocroy

Que vos soins, grande Reine, enfantent de miracles !
Bruxelles et Madrid en sont tout interdits,
Et si notre Apollon me les avoit prédits,
J'aurois moi-même osé douter de ses oracles.

Sous vos commandemens on force tous obstacles,
On porte l'épouvante aux cœurs les plus hardis,
Et par des coups d'essay vos Estats agrandis
Des drapeaux ennemis font d'illustres spectacles.

La Victoire elle-mesme accourant à mon Roy
Et mettant à ses pieds Thionville et Rocroy,
Fait retentir ces vers sur les bords de la Seine :

France, attends tout d'un règne ouvert en triomphant,
Puisque tu vois desjà les ordres de ta Reyne
Faire un foudre en tes mains des armes d'un enfant.

BOISROBERT

A Monsieur le Mareschal de la Meilleraye

L'ay-je songé, Mareschal sans reproche,
Ou s'il est vray que vous me l'avez dit
Que j'ay chez vous encore du crédit
Et que le temps des Estreines approche?

Je vous croyois trouver un cœur de roche,
Aussi d'abord il parut interdit;
Mais je sens bien, malgré ce temps maudit,
Que vous voulez m'en couler dans la poche.

Ah! que je suis charmé de cet accueil!
Je prétendois seulement un coup d'œil;
Un doux sousris eût passé mon attente;

Mais je connois et sans le mériter
Que vous voulez encore me traiter
En Boisrobert de l'an six cent quarante.

BOISROBERT

Le Sonnet de Monk

Peuples qui dans l'éclat voyez mes destinées,
Admirez les degrés par où j'y suis monté :
Je dois toute ma gloire à ma fidélité
Qui m'égale aux honneurs des testes couronnées.

Elle met dans les fers les hydres déchaisnées,
Elle calme en un jour un Estat révolté
Et fonde en un moment une tranquillité
Que refusa le ciel aux vœux de vingt années.

Adjoustez aux grandeurs de ces succès divers
Qu'un des plus dignes Rois qui soient en l'univers
A repris de mes mains l'éclat qui l'environne.

Succédant aux tyrans, j'ay pu régner comme eux :
Mais j'apprends par leur sort et par mon nom fameux
Que ma fidélité vaut mieux qu'une couronne.

SCARRON

Au cardinal Mazarin

Jule, autrefois l'objet de l'injuste satire,
Est aujourd'hui l'objet de l'amour des François.
Par lui le plus aimable et le plus grand des rois
Voit craindre sa puissance et croistre son empire.

Son esprit pénétrant que tout le monde admire
A toujours vu si clair en ses divers emplois,
Ses conseils ont produit de si fameux exploits,
Que l'envie est confuse et n'a plus rien à dire.

Par le malheur du temps, ou plustost pour le mien,
J'ai douté d'un mérite aussi pur que le sien,
Mais il ne m'a pas cru digne de sa colère.

Je confesse un péché que je pourrois céler;
Mais le laissant douteux, je croirois lui voler
La plus grande action qu'il ait jamais pu faire.

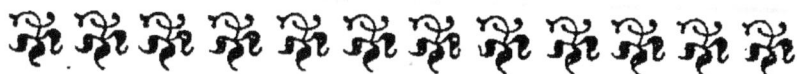

SCARRON

A Charleval

Lorsqu'Adam vit cette jeune beauté
Faite pour lui d'une main immortelle,
S'il l'aima fort, elle de son costé,
Dont bien nous prend, ne lui fut pas cruelle.

Cher Charleval, alors en vérité
Je crois qu'il fut une femme fidèle;
Mais comme quoi ne l'auroit-elle esté,
Elle n'avoit qu'un seul homme avec elle?

Or en cela nous nous trompons tous deux,
Car bien qu'Adam fust jeune et vigoureux,
Bien fait de corps, et d'esprit agréable,

Elle aima mieux, pour s'en faire conter,
Prester l'oreille aux fleurettes du diable
Que d'estre femme et ne pas coquetter.

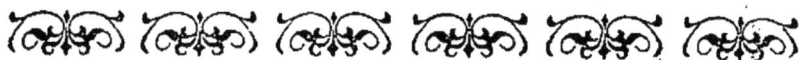

SARRAZIN

Le Silence

Mon âme est preste à s'envoler;
La mort, moins que vous inhumaine,
Dénouant pour jamais ma chaisne,
A la fin me va consoler.

En cet état dois-je parler,
Et sans mériter votre haine,
Puis-je vous déclarer la peine
Que le respect m'a fait céler?

Non, vous m'en faites la défense
Et n'ordonnez que le silence
A l'excès de ma passion.

Quelle cruauté, Rosanire!
Mourir sans dire son martyre,
C'est mourir sans confession.

L'ABBÉ D'INGITNOM

A Silvie, qui consentoit d'espouser un vieux
seigneur pourveu qu'on le fist duc

Hélas! que faites-vous, adorable Silvie?
Consultez vostre cœur et vostre jugement,
Songez que vous allez renoncer par serment,
Pour une fausse gloire, aux plaisirs de la vie.

Cette vaine grandeur dont vostre ame est ravie
Pourra-t-elle adoucir un si cruel tourment?
Croyez qu'un bon vieillard est un mauvais amant,
Et qu'on vous plaint autant comme on luy porte envie.

Mais il prétend en vain, les Dieux en sont jaloux,
C'est trop que d'estre ensemble et Duc et vostre époux,
Il a beau se flatter d'un titre imaginaire,

Cherchez un autre amant, vous aurez droit sur tous.
J'en connois un moins vieux qui feroit vostre affaire,
Il sera plus que Duc s'il est aimé de vous.

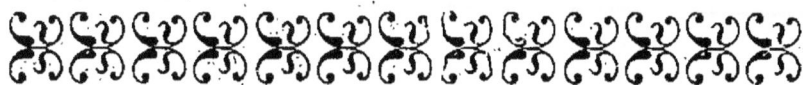

L'ABBÉ COTIN

La Mort d'Amaryllis

Je n'espère plus rien, c'est en vain qu'on essaye
De mettre sur mes yeux un nouvel appareil,
Je ne puis écouter ny raison ny conseil
Qui parlent de fermer une si belle playe.

Ce qu'on dit de la mort n'a plus rien qui m'effraye,
Je sçais bien dès longtemps que ce n'est qu'un sommeil.
Je perds sans m'émouvoir la clarté du soleil,
Et ma mort va monstrer que ma constance est vraye.

9

Je ne m'afflige point, je ne fais point de vœux,
J'exhale doucement mon esprit et mes feux,
Et m'acquitte au destin d'un tribut légitime.

N'est-ce pas m'offenser que de me secourir?
L'ombre d'Amaryllis demande une victime,
Et l'Amour me fait grâce en me faisant mourir.

DESMARETS

*Sur les pleurs de mademoiselle ****

Qu'on ne me vante point les larmes que l'Aurore
Répand chaque matin dessus l'émail des fleurs,
Lorsque le souvenir de ses tristes malheurs
Luy fait pleurer sa perte au rivage du More.

La charmante Philis que tout le monde adore,
Sur un foible soupçon qui cause ses douleurs
Se fit voir plus aimable et respandit des pleurs
Plus nobles que les siens et plus charmants encore.

Un précieux torrent d'un beau cristal fondu
Sur l'émail de son teint tristement espandu
Sembloit vouloir noyer tous les appas du monde.

Ses larmes ravageoient les roses et les lys.
Et voyant sous tant d'eau ses yeux ensevelis,
Je les crus deux soleils qui se cachoient sous l'onde.

GOMBAUD

Le Départ de Charite

Charite alloit partir, et ses tristes adieux
Donnoient à ses beautés une grace nouvelle :
Quand parmi tant d'amans qui soupiroient pour elle,
Daphnis, perdant l'espoir, accusa tous les dieux.

Elle changea d'humeur, preste à changer de lieux,
Et le voyant mourir, lui devint moins cruelle,
Le baisa d'un baiser digne d'un cœur fidèle,
Et ses larmes soudain troublèrent ses beaux yeux.

Témoignages tardifs d'une amitié secrète,
Vous faites que Daphnis qui sans fin la regrette,
D'un aimable penser soulage ses tourments.

La peut-il désormais blasmer d'ingratitude,
Puisque par un baiser qui dura trois moments
Elle récompensa trois ans de servitude?

DE FOURCROY

La Rougeole

Je me plaignois, Philis, de ta rigueur extresme,
Toy qui fais mille amans et qui n'as point d'amour;
Je me désespérois de brusler nuit et jour
Et de voir que ton cœur ne brusloit pas de mesme.

Le Dieu de qui sur nous la puissance est supresme
Fut touché de ma plainte, et quittant son séjour :
— Je m'en vas, me dit-il, l'enflammer à son tour,
Et puisque vous l'aimez, je veux qu'elle vous aime.

Il y vint aussitost armé de tous ses feux,
Il donna mille assauts à ton cœur orgueilleux.
Ce n'estoit pas un cœur, mais un rocher de glace.

Il fit, tu le sçais bien, d'inutiles efforts.
Aussi, pour se venger d'une telle disgrace,
Repoussé du dedans, il brusla le dehors.

RACAN

Sur la maladie de sa maistresse

La fièvre de Philis tous les jours renouvelle,
Et l'on voit clairement que cette cruauté
Ne peut venir d'ailleurs que du ciel irrité
Que la terre possède une chose si belle.

Son visage n'a plus sa couleur naturelle,
Il n'a plus ces attraits, ni cette majesté
Qui régnoit tellement sur nostre liberté
Qu'il sembloit que les cœurs n'estoient faits que pour elle.

Faut-il que cette ardeur consume nuit et jour
Celle qui d'autre feu que de celuy d'amour
Ne devoit point souffrir l'injuste violence?

O Dieux, de qui le soin fait tout pour nostre bien,
Si mon affliction touche vostre clémence,
Ou donnez-lui mon mal, ou donnez-moi le sien!

SCUDÉRY

Le Pousseur de beaux sentimens

Au sortir de son lit, ayant quitté ses gants,
Décordonné son poil, défait sa bigotère,
Pinceté son menton et ratissé ses dents,
Il prend un bon bouillon et va rendre un clistère.

Le voilà bien muni tant dehors que dedans,
C'est pour un grand dessein, pour une grande affaire,
C'est pour aller pousser de ces beaux sentiments
Dont les godelureaux font un si grand mystère.

Il paroist vers le soir poudré, frisé, lavé,
Exhalant le jasmin, de canons entravé,
Dont un seul pèse autant que la plus grosse botte.

Il va chez quelque Dame, où d'un ton de coquet
Il lit un bout-rimé sur défunt Perroquet.
Cette Dame l'admire. O le fat! ô la sotte!

VOITURE

Le Banquet

L'autre jour au palais des cieux,
En une feste solennelle
Où la triomphante Cybelle
Traitoit ensemble tous les dieux,

Après maint discours sérieux
Sur la Régence universelle,
Tout en rond la troupe immortelle
Prit du nectar délicieux.

Lors on proposa par la table
Laquelle estoit plus souhaitable
Ou d'Angélique ou de Cypris.

Les Dieux furent pour la pucelle;
Et Vénus, la mère des Ris,
N'eut que Mome et Vulcain pour elle..

VOITURE

La Promenade du soir

Sous un habit de fleurs la nymphe que j'adore
L'autre soir apparut si brillante en ces lieux,
Qu'à l'éclat de son teint et celuy de ses yeux
Tout le monde la prit pour la naissante Aurore.

La terre en la voyant fit mille fleurs éclore;
L'air fut partout rempli de chants mélodieux,
Et les feux de la nuit paslirent dans les cieux
Et crurent que le jour recommençoit encore.

Le soleil qui tomboit dans le sein de Thétis
Rallumant tout à coup ses rayons amortis,
Fit tourner ses chevaux pour aller après elle,

Et l'empire des flots ne l'eust sçu retenir;
Mais la regardant mieux et la voyant si belle,
Il se cacha sous l'onde et n'osa revenir.

VOITURE

La Belle Matineuse

Des portes du matin l'amante de Céphale
Ses roses espandoit dans le milieu des airs,
Et jetoit sur les cieux nouvellement ouverts
Ces traits d'or et d'azur qu'en naissant elle estale.

Quand la nymphe divine à mon repos fatale
Apparut et brilla de tant d'attraits divers
Qu'il sembloit qu'elle seule esclairoit l'Univers
Et remplissoit de feux la rive orientale.

10

Le soleil se hastant pour la gloire des cieux
Vint opposer sa flamme à l'esclat de ses yeux,
Et prit tous les rayons dont l'Olympe se dore;

L'onde, la terre et l'air s'allumoient à l'entour.
Mais auprès de Philis on le prit pour l'Aurore,
Et l'on crut que Philis estoit l'astre du jour.

MALLEVILLE

La Belle Matineuse

Le silence régnoit sur la terre et sur l'onde,
L'air devenoit serein et l'Olympe vermeil;
Et l'amoureux Zéphyre affranchi du sommeil
Ressuscitoit les fleurs d'une haleine féconde.

L'Aurore desployoit l'or de sa tresse blonde
Et semoit de rubis le chemin du Soleil;
Enfin ce dieu venoit au plus grand appareil
Qu'il soit jamais venu pour esclairer le monde.

Quand la jeune Philis au visage riant,
Sortant de son palais plus clair que l'Orient,
Fit voir une lumière et plus vive et plus belle.

Sacré flambeau du jour, n'en soyez point jaloux ;
Vous parustes alors aussi peu devant elle
Que les feux de la nuit avoient fait devant vous.

VOITURE

Le Sonnet d'Uranie

Il faut finir nos jours en l'amour d'Uranie,
L'absence ni le temps ne m'en sçauroient guérir,
Et je ne vois plus rien qui me pust secourir
Ni qui sçust rappeler ma liberté bannie.

Dès longtemps je connais sa rigueur infinie,
Mais pensant aux beautés pour qui je dois périr,
Je bénis mon martyre, et content de mourir,
Je n'ose murmurer contre sa tyrannie.

Quelquefois ma raison par de foibles discours
M'incite à la révolte et me promet secours,
Mais lorsqu'à mon besoin je me veux servir d'elle,

Après beaucoup de peine et d'efforts impuissans,
Elle dit qu'Uranie est seule aimable et belle,
Et m'y rengage plus que ne font tous mes sens.

BENSERADE

Le Sonnet de Job

Job de mille tourments atteint
Vous rendra sa douleur connue,
Et raisonnablement il craint
Que vous n'en soyez point émue.

Vous verrez sa misère nue,
Il s'est luy mesme icy dépeint.
Accoutumez-vous à la vue
D'un homme qui souffre et se plaint.

Bien qu'il eust d'extresmes souffrances,
On vit aller des patiences
Plus loin que la sienne n'alla.

Il souffrit des maux incroyables,
Il s'en plaignit, il en parla.
J'en connois de plus misérables.

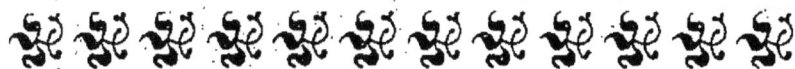

PIERRE CORNEILLE

Sur les Sonnets d'Uranie et de Job

Deux sonnets partagent la Ville,
Deux sonnets partagent la Cour
Et semblent vouloir tour à tour
Rallumer la guerre civile.

Le plus sot et le plus habile
En mettent leur advis au jour,
Et ce qu'on a pour eux d'amour
A plus d'un échauffé la bile.

Chascun en parle hautement
Suivant son petit jugement.
Et s'il y faut mesler le nostre,

L'un est sans doute mieux resvé,
Mieux conduit, mieux achevé,
Mais je voudrois avoir fait l'autre.

MÉNAGE

Le Sonnet de la Guirlande de Julie

Sous ces ombrages verds, la Nymphe que j'adore,
Ce miracle d'Amour, ce chef-d'œuvre des Dieux,
Avecque tant d'éclat vient d'éblouir nos yeux
Que Zéphyre amoureux l'auroit prise pour Flore.

Son teint estoit plus beau que le teint de l'Aurore;
Ses yeux estoient plus vifs que le flambeau des cieux;
Et sous ses nobles pas on voyoit en tous lieux
Les roses, les jasmins et les œillets éclore.

Vous qui pour sa guirlande allez cueillant des fleurs,
Nourrissons d'Apollon, favoris des neuf Sœurs,
Ne les épargnez point pour un si bel ouvrage.

Venez de mille fleurs sa teste couronner...
Sous les pieds de Julie il en naist davantage
Que vos savantes mains n'en peuvent moissonner.

BENSERADE

Le Sonnet de La Vallière

Tout se détruit, tout passe, et le cœur le plus tendre
Ne peut d'un même objet se contenter toujours.
Le passé n'a point eu d'éternelles amours,
Et les siècles suivants n'en doivent point attendre.

La constance a des lois qu'on ne veut point entendre,
Des désirs d'un grand Roi rien n'arrête le cours.
Ce qui plaît aujourd'hui déplaît en peu de jours ;
Cette inégalité ne sauroit se comprendre.

Tous ces défauts, grand Roi, font tort à vos vertus.
Vous m'aimiez autrefois, mais vous ne m'aimez plus;
Mes sentiments, hélas! diffèrent bien des vôtres.

Amour à qui je dois et mon mal et mon bien,
Que ne luy donniez-vous un cœur comme le mien,
Ou que n'avez-vous fait le mien comme les autres!

MOLIÈRE

A La Motte Le Vayer sur la mort
de son fils

Aux larmes, Le Vayer, laisse les yeux ouverts :
Ton deuil est raisonnable encor qu'il soit extrême,
Et lorsque pour toujours on perd ce que tu perds,
La sagesse, crois-moi, peut pleurer elle-même.

On se propose à tort cent préceptes divers
Pour vouloir d'un œil sec voir mourir ce qu'on aime.
L'effort en est barbare aux yeux de l'Univers,
Et c'est brutalité plus que vertu suprême.

On sait bien que les pleurs ne ramèneront pas
Ce cher fils que t'enlève un imprévu trépas,
Mais la perte par là n'en est pas moins cruelle :

Ses vertus d'un chacun le faisoient révérer,
Il avoit le cœur grand, l'esprit beau, l'âme belle,
Et ce sont des sujets à toujours le pleurer.

TABLE

Achevé d'imprimer à Paris

le 15 mai 1882.

9 782012 769724